일러두기

본 내용은 캐나다에 살고 있는 로한이와 엄마 아빠, 한국과 캐나다를 오가시는 할아버지, 할머니의 이야기를 기록한 글입니다. 할아버지와 엄마가 글을 모았고, 아빠가 그림을 그렸습니다.

어제보다 순수해

할아버지와 2달러	14
할머니가 아프면 안되는 이유	15
사랑할 수 있는 배경	16
사랑과 좋아하는 것의 차이	17
친구를 만드는 데 걸리는 시간	18
딸기	19
마음이 깨끗할수록	21
세이브와 저축	23
일곱 잎 클로버	25
예쁘다	26
도전	27
사랑이라는 에너지	30
버스데이	33
친구만들기의 비밀	34
가족	36
배불러도 먹어야 하는 이유	38
친구를 사귀는 방법	40

어른일까 늙은 걸까	42
비상식량	43
예쁜 것	44
여보	45
아빠가 봤으면 좋겠어	46
위로의 방법	47
사랑하면 화내지 않아요	48
자기야	49

오늘도 귀여워

목마는 할아버지가 하자고 했어요	52
10분? 1분!	54
모자가 어울리는 길	55
무서운 미니언즈	56
시크릿	58
도견!	60
손주는 천재	62
할아버지랑 안 놀아	63
핑계	64
야구	66
한글	68
돼지	70
캐나다의 하늘	72
정글 탐험	74
단어 공부	76
오락도 공부	78
할아버지의 TV	80

TV는 가짜인데요?	82
할아버지의 카드	84
할아버지랑 계속 놀고 싶어요	86
비밀	87
사랑한 만큼	90
누가 샀지?	91
엄마는 아빠만 좋아해	92
생각	93
보여줄게요	94
나는 안 울어	95
나누면 귀져요	96
환자가 뭐야?	97
레스토랑	98
아픈 거 같아요	99
아빠도 영어로 말해요	100
엄마 문 닫아주세요	103
혼자 있기 싫어요	105
그건 몰라요	107

내일 더 사랑해

어리지 않은 사랑 110
바위보다 단단해 111
할아버지도 힘들잖아요 112
나한테 기대세요 114
내가 보호해 줄게요 115
야생 산딸기 116
토끼는 왜? 118
할아버지는 왜 저를 사랑해요? 119
할아버지 그만 보세요 120
제가 가장 사랑하는 사람이 누구게요 121
제가 업어 드릴게요 124
이름 126
노래 127
가장 큰 딸기 128
블루베리보다 할아버지 130

오렌지	131
사랑받는 걸 안다	132
나도 한국 가고 싶어요	133
굿나잇이지만 자기는 싫어요	134
엄마 사랑해요	137
유령가족	138
테디베어	139
기억	140
얼마나요?	142

prologue

    손가락만하던 아들의 작은 손이 이제는 제 손바닥과 맞먹을 만큼 자랐습니다. 아이를 처음 품에 안고 첫걸음을 뗄 때부터 지금까지 캐나다라는 낯선 땅에서 함께 자라고, 배웁니다.

    이민자로서 삶은 때로는 바람 앞의 촛불처럼 흔들렸지만, 그 순간마다 아들은 내게 세상의 빛과 따뜻함을 가르쳐 주었습니다. 대디가 아닌 아빠라고 처음 말하던 날의 눈빛, 친구를 사귀고 웃음 짓던 날의 표정, 그리고 세상의 복잡한 질문들을 던질 때의 호기심까지. 저는 아들을 통해 이 세상을 더 알아갑니다. 낯선 곳에서 두려움과 설렘 속에 시작된 우리의 여정은, 결국 우리를 더 단단하고 끈끈하게 연결해 주었습니다.

    이제는 아들과 함께 그림을 그리고 점점 다양한 것을 표현합니다. 아들이 그린 집의 그림에는 항상 웃는 가족이 있습니다. 그 그림 속에서 저는 "가족"이 무엇인지 깨닫습니다. 어느 나라에 있는 땅이나, 어느 동네, 건물이 아니라,

서로에 대한 사랑의 표현인 것을요.

   아들이 일어나 함께 놀아달라고 하는 시간들이 언제까지 이어질지 모르겠습니다. 하지만 함께 걸어갈 길을 기대합니다. 이민자의 길은 여전히 낯설고 도전으로 가득할지 모르지만, 아들의 손을 잡고 바라보는 세상은 언제나 더 따뜻합니다.

   우리의 이야기가 언젠가 아들에게 작은 선물이 되기를 바랍니다. 그리고 그가 자라 이 글을 읽을 때, 우리의 여정이 한구석에서 빛나는 별처럼 남기를.

로한이의 아빠가.

어제보다 순수해

할아버지와 2달러

학교에서 아이스크림을 파는 행사를 열었다는 소식을 들었다.

"할아버지 2달러 필요해요. 내 돈 말고 엄마 돈 2달러 가져올 수 있어요? 내 저금통에 든 거 말고."

"허허허."

할아버지는 지갑에서 2달러를 꺼냈다.

할머니가 아프면 안 되는 이유

로한의 할머니가 몸살이 나서 아팠다.

"할머니, 할머니는 가만히 있어. 내가 다 할게."

"로한이는 할머니가 아픈 게 싫은 거야?"

"응, 할머니 아프면 맛있는 거를 못 먹잖아. 할머니는 요리천재라 아프면 안돼."

사랑할 수 있는 배경

로한이는 작은 달팽이를 잡았다. 이리저리 달팽이의 모습을 살피더니 물가에 놓아주었다.

"할아버지. 나는 할아버지보다 지구를 더 사랑해요. 지구가 없으면 우리가 없잖아요."

사랑과 좋아하는 것의 차이

로한이가 학교에서 편지를 받아왔다. 같은 반 친구의 고백이었다. '로한아, 사랑해, 너는 최고야.'

엄마가 물었다.

"사랑하는 것과 좋아하는 것의 차이는 무엇일까?"

"엄마, 좋아하는 것은 그냥 생각이 나는 거예요. 그런데 사랑하는 것은 하트가 떠올라요."

친구를 만드는데 걸리는 시간

주말, 가족이 캠핑장에 놀러 가 가재를 잡았다. 가재를 잡은 로한은 갑자기 달리기 시작했다.

"어디 가니? 로한아."

"할아버지! 친구 가져다줘야해요. 빨리."

"왜? 가재를 잡은 사람은 로한이인데?"

"아니, 친구가 얼마나 잡고 싶어 했는데요? 친구부터 줘야죠."

로한이가 말한 친구는 5분 전 캠핑장에서 사귄 인도 친구였다. 인도 친구가 돌아갈 때, 둘은 가재를 놓아주었다.

딸기

로한이는 캠핑장에서 야생 산딸기를 많이 땄다.

멀리서 누나 두 명이 트레킹을 하며 다가왔다.

"할아버지, 누나들에게 딸기를 줄까요?"

"왜?"

"맛있잖아."

"누나들이 안 먹을 수도 있잖아."

"그래도 누나들이 먹을 수도 있잖아요."

'로한이는 먹는지, 안 먹는지보다 나누는 마음을 중요하게 생각하는구나.'

로한은 누나들에게 인사만 하고 딸기는 주지 못했다.

마음이 깨끗할수록

로한이는 매일 1시간만 게임을 할 수 있다. 엄마와 정한 규칙이다. 로한이는 아침 식사 전 게임을 했다.

"시간을 20분이나 사용했네?"

"할아버지, 아니에요."

"그럼 19분 사용했니?"

"아니요."

"그럼 15분?"

"아니!"

'게임을 더 하고 싶은가보다.'

"그럼… 로한이는 10분 사용했구나?"

"22분 사용했어요."

'마음이 깨끗할수록 정직하구나. 내가 몰라봤다, 로한아.'

세이브와 저축

로한이는 매일 한 시간만 게임을 할 수 있다. 할아버지와 놀다가 잠들어서 30분을 사용하지 못했다.

"엄마, 어제 게임 시간 30분 남았어요."

"할아버지와 놀다가 사용하지 못했니?"

"네."

"그럼 오늘 계곡갈 때 차에서 사용하면 되겠네."

"(할아버지) 로한이가 30분을 저축했구나?"

"아니요. 저축은 아니에요."

"저금인가?"

"아니요. 이럴 때는 세이브라고 해요."

'날이 갈수록 언어가 느는구나.'

일곱 잎 클로버

로한이가 한국에 방문했을 때 할아버지와 탄천을 산책했다. 탄천을 산책하다가 네잎클로버와 일곱 잎 클로버를 찾았다.

"와 로한아 오늘은 굿데이인데?"

"일곱 잎이니까. 굿굿굿-데이예요."

예쁘다

비가 오는 길에 예쁜 꽃이 피어 로한이는 발걸음을 멈췄다.

"할아버지 너무 예뻐요."

"로한아 왜 꽃들이 다 예쁜 줄 아니?"

"그건 꽃이 아기일 때, 우리가 그림을 안 그려도, 처음부터 예쁜 거예요."

"꽃은 누구의 도움 없이 아기일 때부터 예쁘다는 거지?"

"네."

'로한아 로한이도 아기 때부터 누구 도움 없이 예뻤단다.'

도전

로한이가 구름사다리(몽키바)에 도전했다.

"할아버지 구름사다리(몽키바) 하고 가야 해요."

"그래 몇 번 도전하자."

"성공할 때까지!"

"그래 화이팅!"

로한이는 열 몇 차례 도전했다.

"할아버지 에너지 좀 주세요. 핸드폰에 있는 에너지도요."

로한이는 충전 포트에 손을 가져다 대고 에너지를 충전을 했고, 구름사다리를 마지막으로 도전했다.

"아쉽다. 마지막에 떨어져서."

"아니에요. 마지막에 떨어진 위치까지 성공한 거예요."

사랑이라는 에너지

할아버지가 뉴스를 검색하던 중 일본에서 한 사람이 예순다섯잎 클로버를 찾아 기네스에 올랐다는 소식을 읽었다.

"우리는 일곱 잎 클로버인데, 운이 좋지 않네요?"
"그렇지 일곱 잎은 기네스북에 오르지 못하겠지?"
"할아버지 우리 나가서 이백잎 클로버 찾아요."
"할아버지는 에너지가 없는데?"
"제가 에너지 드릴게요."

로한이는 닌텐도에서 에너지를 가져와 할아버지에게 충전 코드를 꽂아 주는 시늉을 한다.

버스데이

로한이는 집 뜰에서 정원을 가꾼다.

"와 많이 컸다."
"로한이 만큼 빨리 크네."
"당연히 꽃이 빨리 크죠."
"왜? 할아버지는 로한이가 빨리 크는데?"
"꽃은 원데이(one day)에 크고, 저는 버스데이(birthday)에 커요."

친구만들기의 비밀

로한이는 여름 캠프*를 다녀왔다.

"(엄마)아빠, 오늘 캠프에서 무슨 일이 있었는지 알아요?"
"무슨 일인데?"
"일주일 캠프인데… 글쎄…."
"무슨 일인데?"
"애들이 3명이나 로한이하고 친구하고 싶다고, 엄마끼리 전화번호를 교환하자고 하잖아."

* 동네 커뮤니티 센터에서 방학에 여름 캠프를 진행합니다.

"로한이의 인기 비결이 뭐냐? 로한아, 친구를 어떻게 사귀는거야?"

"착하고 친절하게요. 너 나랑 친구할래? 하면 다 친구가 돼요."

가족

"엄마, 물고기는 20마리 이상 잡으면 안 돼요."

"왜?"

"음… 20마리가 넘으면 차에 가득 찰 수도 있고, 물고기를 다음에 많이 잡을 수 없어요. 그리고… 또! 물고기도 가족이 있어요. 마지막으로 물고기도 생명이 있고요."

"로한이는 잡고 싶어 했잖아."

"저는… 왠지 알아요?"

"왜?"

"난 가족을 위해 잡는 거죠?"

"아~ 가족을 먹게 하려고?"

"아뇨. 작은 물고기는 애완용으로 키우려고…."

배불러도 먹어야 하는 이유

로한이는 아침에 프렌치 토스트를 먹는 중이었다.

"아 배 아파. 그래도 먹어야지."

"로한아 배부르면 안 먹어도 돼."

"난 지구를 사랑하니까요. 다 안 먹으면 지구가 아파요."

친구를 사귀는 방법

로한이는 친구 사귀는 법을 설명한다.

"할아버지 친구 될래? 하면 '응'하면 친구가 돼요."

"너가 먼저 친구 될 거냐고 묻는 게 1번이네?"

"아니요."

"그럼 묻는게 2번이야?"

"네."

"로한이가 먼저 물어봐?"

"1번은 좋은 걸 해주는 거예요. 그리고 2번으로 묻는 거죠. 학교에 한국 사람도 있는데 이렇게 해요."

"할아버지도 그렇게 해볼까?"

어른일까 늙은 걸까

"엄마~ 할아버지, 할머니는 왜 안 주무세요?"

"어른이니까?"

"엄마, 할머니 할아버지는 어른이 아니라 그냥 늙으신 거예요."

비상식량

"엄마, 라면은 비상식량이죠?"

"그렇지?"

"집에 음식이 없으니까 라면 먹어야겠다. 엄마 한테 배운 거예요."

예쁜 것

"꺄악! 엄마!"

"왜?"

"엄마 너무 이쁜 걸 주웠어요."

로한은 나뭇잎을 줍는다.

"와 색깔이 너무 이쁘다. 이걸로 뭐할까?"

"집에 가져가요."

여보

"엄마, 아빠가 물 낭비해. 너무 해요."

"그래? 아빠한테 말씀드리자."

"엄마 이렇게 말하세요. '여보, 물 너무 낭비하면 안돼! 지구가 아파요!'"

"엄마는 여보라고 한 적 한 번도 없는데?"

"신비아파트에서 여보라고 해요."

아빠가 봤으면 좋겠어

놀이터에서 구름사다리(몽키바)를 한다.

"아 무서워, 하지만 안돼! 내가 할 수 있는 데까지 했어요. 엄마! 아빠에게 사진찍어서 보내줘요. 아빠가 이걸 봐야하는데."
"오케이 준비되었어?"

위로의 방법

엄마는 하굣길에 선생님이 칭찬한 이야기를 들었다.

"올리버 선생님이 로한이가 친구를 위로해 줬다고 하던데?"

"엄마, 아지즈라는 친구가 있는데 맨날 울어요. 유치원생인데 맨날 울어요. 그래서 나를 따라 숨셔봐, 라고 했어요. 그런데 이지즈가 따라하지는 않아서 제가 그냥 갔어요."

"그래도 엄마는 로한이가 친구 운다고 공감해 줘서 자랑스러운걸?"

"네 뭐 그런거죠."

사랑하면 화내지 않아요

"할아버지도 화났어!"

"아냐 할아버지는 화낼 수 없어요. 그건 나만 해요."

"왜?"

"할아버지는 날 좋아하니까요. 화 못내요."

자기야

"아빠 이제 아빠 다른 이름 알았어요."

"뭔데?"

"자기야."

오늘도 귀여워

목마는 할아버지가 하자고 했어요

로한이가 하교하는 중이었다.

"할아버지, 못 걷겠어요."

"왜?"

"배가 아파."

"그럼 어떻게 하지? 집에 못가는데?"

"할아버지가 생각해봐요."

"그럼 잠깐 목마를 할까?"

"응."

"할아버지는 목마가 하고 싶었던 거예요?"

로한이는 목마를 태워 달라고 하지 않았다. 배가 아프다고 했지만 말이다.

10분? 1분!

학교 체육행사에서 로한은 스쿠터를 꾸미는 일을 맡았다. 재활용품을 이용해 스쿠터를 꾸미고, 하교 후에 함께 꽃장식을 했다. 로한과 할아버지는 스쿠터 장식을 마치고 소파에 앉았다.

"할아버지. 할아버지는 생각을 많이 했으니까 힘들죠? 10시간 휴식 시간을 줄게요. 눈 감고 쉬어요."

1분 뒤 로한은 할아버지에게 칼 싸움을 하자고 보챘다.

모자가 어울리는 길

할아버지와 로한은 모자를 사러 쇼핑센터에 갔다. 로한이는 할아버지에게 쥬라기 공원 주인공 모자를 사야한다고 했다. 할아버지는 쥬라기 공원 모자를 사기로 했다.

다음날 등교길에 로한은 할아버지에게 말했다.

"할아버지 도로로 가면 안 돼요. 숲길로 가야 해요."

"응? 왜 로한아?"

"도로로 가면 모자가 안 어울리잖아요."

'로한이는 모자를 살 때부터 계획이 있었구나.'

무서운 미니언즈

로한이가 애니메이션 '미니언즈'를 보다가 갑자기 할아버지 뒤로 숨었다.

"할아버지, 무서운 장면이 끝나면 이야기 해주세요."
"하나도 무서운 장면이 없는데?"
"잡아먹히는 거잖아요."
"응? 그게 무서워?"
"먹으니까 무섭지."

시크릿

할아버지와 로한이는 로봇 놀이를 했다. 자기 뜻대로 안되자 억지를 부렸다. 엄마는 로한이의 잘못을 지적했다.

"로한아 누가 할아버지께 버릇없이 행동하나요?"

"할아버지가 먼저 그러셨는데."

로한이는 엄마에게 혼난 것이 서운했다. 점심시간이 지난 후 할아버지를 찾아왔다.

"할아버지, 아무에게도 말하면 안돼. 비밀이야."

"시크릿이야?"

"응, 시크릿이야."

"(아주 작은 소리로 귓속말) 할아버지, 미안해."

로한이의 눈에는 작은 눈물이 맺혔다.

도전!

아빠는 매년 3개월을 한국에서 근무해야 하기 때문에 한국에 있다가 귀국했다. 로한이와 할아버지는 아빠에게 휴식 시간을 주고 산책로 탐방에 나섰다.

"로한아 이 길은 무서울거 같으니 큰 길로 가자."
"아니야, 이 길도 가봐야지."
"할아버지는 무서운데?"
"할아버지도 도전하실 줄 알아야 해요. 저도 처음에 무서웠는데 이제는 괜찮아요."

'매일 매일 업그레이드 되는 로한이를 감당하기 어려워지는구나.'

손주는 천재

사람들은 다 아는 사실이지만, 자신의 자식이나 손주는 천재인 줄 안다. 하는 행동이 신기하고 하는 짓은 다 놀랍고 천재 같다. 로한이는 할아버지와 엄마 앞에서 연기를 하거나 흉내를 낸다.

"아빠, 로한이 연기학원 보내볼까요?"
"왜 배우 시키려고?"
"아니 너무 웃기잖아. 로한이 연기하는 게."
'(할아버지) 가까운 사람 앞에서는 재롱을 떨지만, 부끄러움이 너무 많아.'

할아버지랑 안 놀아

"할아버지랑 안 놀아요!"

"그래 나도 안 놀아. 고마워."

아빠가 3층에서 내려오고 있었다.

"아빠, 오늘부터 할아버지랑 안 놀기로 했어요."

"정말?"

"(아빠에게 귓속말로) 아니요. 페이크(fake)에요. 할아버지랑 놀 거예요."

핑계

등굣길에 작은 개미들이 한 데 뭉쳐 싸움을 했다. 로한이가 개미를 관찰하는데 할아버지는 마음이 급하다.

"로한아 학교 빨리 가야지 늦었는데."
"괜찮아요. 늦어도 돼요."
로한이는 개미를 한참 보고 할아버지는 로한이를 한참 봤다.
"이제 가요 할아버지. 개미 때문에 학교 늦겠네요."
'조금 전에는 늦어도 된다며?'

학교에 도착하자마자 벨이 울렸다. 1분 전 벨이었다. 로한이는 개미 핑계를 댔다.

야구

로한이의 학교 마지막 날이었다. 학교를 마치고 써리시가 운영하는 도서관을 방문했다. 도서관 앞 공원에서 할아버지와 야구 놀이를 했다.

"할아버지, 저는 야구 마스터예요."
"그래? 너무 잘하는데? 그런데 로한아 이제 한 시간 정도 했으니 10번만 하고 오늘은 게임을 끝내자."
"오늘은 무한으로 하면 안돼요?"
"할아버지가 너무 힘들어서 그래."

"그러면요, 배트에 맞추는 것만 카운트해요."

"그래."

로한이의 작전에 할아버지가 넘어갔다. 로한이는 절대로 배트에 공을 맞추지 않았다. 졸업식 날에 로한이는 집에 가기 싫었다.

밴쿠버 한인침례교회에서 여름 캠프가 있는 날이었다. 로한이는 친구 찬아와 함께 가기로 했다. 떠나기 전 찬아와 로한이는 집에서 모여 아침을 먹었다.

"찬아야 너 한글 읽을 줄 알아?"
"…"
"한 번 읽어봐."
"(엄마) 로한아 그러지마. 찬아도 잘 알아."
로한이는 칠판에 적혀있는 한글 자음을 자랑스럽게 읽었다. 지난 밤 늦은 저녁 로한이가 한글 자음을 다 이해했는데, 자랑하고 싶었나보다.

돼지

로한이는 할머니가 만들어준 볶음밥 한 그릇을 먹고 핫도그를 하나 더 먹겠다고 고집을 부렸다. 할아버지는 로한이를 놀렸다.

"로한이는 돼지왕인가봐?"
"아니 할아버지가 돼지예요."
"할아버지는 안 먹잖아."
"할아버지는 배가 나왔잖아요. 내일부터 아침 드시지 마세요. 배가 터지잖아요."
"할아버진 배 안 나왔거든?"
"아냐, 할아버지를 사랑해서 그런 거니까 아침

두 번 드시면 안 돼요."

"두 번이나? 안돼…."

'놀려도 사랑하는 마음에 귀엽게 받아치는 로한이를 보는 게 즐겁다.'

캐나다의 하늘

캐나다의 한 공원에서 하늘을 올려다 보았다.

"와! 할아버지 캐나다의 하늘은 멋져요."
"캐나다의 하늘은 왜 멋질까?"
"캐나다를 처음 만든 사람이 멋지게 페인팅 했나봐요."
"로한아 그 사람이 사다리타고 올라가서 멋지게 그렸나봐."

정글 탐험

저녁 식사 후 정글탐험 시간이라고 로한이가 조른다.

"할아버지 정글탐험 가요. 지금 가요."
"할아버지는 샤워해서 오늘은 못 가요."
"그래도 가요."
"안돼."
"그럼 저 혼자 가요?"
"혼자 가면 로한이가 예뻐서 누가 잡아간다."
"그러니까 같이 가요. 안 가시면 혼자 가서 잡혀갈 거예요."

로한이는 할아버지를 협박하는 방법도 터득했다.

단어 공부

"할아버지 다이아몬드보다 비싼 게 뭔지 알아요?"

"그런게 있나?"

"베드록(기반암, 마인크레프트 게임에 등장한다)이요."

할아버지는 로한이의 영어를 못 알아들었다.

"베드는 침대하고 같아요. 록은 바위요."

"아 베드록. 무척 어려운 말이네? 어디서 배웠어?"

"게임에 나와요."

'아이들은 게임에서 말과 단어를 배우는구나.

그런데 어떻게 의미까지 알까?'

오락도 공부

휴일 아침이었다. 로한이는 아침 일찍 일어나 게임기로 마인크래프트를 했다.

"할아버지, 저는 이게 공부예요."
"로한이는 게임이 공부구나."
"게임하기 전에는 샌드(sand)가 뭔지 몰랐는데 이제는 알아요."
"맞네, 공부네."
"할아버지, 게임시간 조금만 더 주면 안 되나요?"
"할아버지가 20분 더 줄까?"

"안돼요. 엄마한테 들켜요."

로한이는 할아버지가 돌려놓은 타이머를 25분에서 10분으로 줄였다. 결국 5분만 더 하는 셈이다.

'로한이는 게임으로 배우지만, 할아버지는 로한이에게 배운다.'

할아버지의 TV

할아버지 방에는 TV가 없지만, 로한이 방에는 TV가 있다.

"할아버지 제가 TV 만들어 드릴게요."
"정말? 그러면 고맙지."

로한이는 그림을 그리기 시작했다. 4장이나.

"할아버지 따라와봐요."

로한이는 그림을 할아버지 방에 붙였다.

"봐봐요. 여기 안테나 있지? 버튼도 있지? 이렇게 순서대로 돌아가면서 보면 돼요."

"고마워 로한아. 이제 할아버지 심심하지 않겠다. 로한이가 최고다."

할아버지의 칭찬에 로한이의 어깨가 한 뼘은 올라갔다.

TV는 가짜인데요?

"할아버지는 로한이가 만들어준 TV보느라 늦게까지 재미있었어."

"할아버지, 그건 가짜인데요?"

"안테나도 있고, 채널도 있고, 재미있던데?"

"그건 안 움직이는데요? 제가 그려서?"

"그래도 할아버지 할머니는 재미있게 봤어."

"제가 열심히 그린 거니까 그렇죠."

로한이는 뿌듯해서 건방져보이는 얼굴로 나섰다.

할아버지의 카드

"할아버지 저도 강아지 키우고 싶어요."

"학교도 가고 캠프도 가야해서 키우기 힘들걸?"

"지금은 학교 브레이크 타임이잖아요."

"강아지는 비쌀텐데."

"아냐 무척 싸요."

"오백 달러나 할텐데?"

"그렇게 비싸면 누가 사요?"

"할아버지는 달러가 없어."

"할아버지! 할아버지는 무한달러(카드) 있잖아요."

'잊지도 않네. 로한이에게 카드는 언제나 만능이지.'

할아버지랑 계속 놀고 싶어요

"하나님, 제발 밤이 되면 로한이의 에너지를 가져가 주세요."

"할아버지, 제 에너지가 가지고 싶어요?"

"그래."

"(가슴을 내밀며) 가져가세요."

할아버지는 전기를 빼내는 흉내를 내신다.

"다 가져갔다. 올라가서 자자."

"할아버지, 저는 무한 에너지라 또 생겼어요."

"뭐라고? 에너지가 계속 생겨?"

"네. 할아버지 제 에너지가 계속 생겨서 서운하죠? 슬프죠?"

300 피스 퍼즐을 혼자 완성하면 아빠가 1000 피스 퍼즐을 사주겠다고 로한이에게 약속했다. 로한이는 할아버지와 엄마의 도움을 받아 완성했다.

"할아버지, 도움받은 거 비밀이에요."
"그래, 비밀로 하자. 그런데 도움 조금 받았다고 솔직히 이야기해도 아빠가 사주실 거 같은데?"
"아니에요. 가족들이 즐거우라고 하는 거라서요. 아빠도 제가 맞췄다고 하면 즐거울 거예요."

'로한아 즐거운 일이어도 거짓말은 안하는 게 좋단다. 로한이 몰래 아빠에게 귀띔해주었단다.'

사랑한만큼

아침에 낚시 유튜브를 시청한 로한이가 낚시대를 사달라고 졸랐다.

"할아버지, 낚시대 사주는 거죠?"
"너무 비싸, 할아버지는 달러가 없어."
"사랑하는 사람이 원하는 건 다 사주는 거예요. 할아버지는 로한이 사랑하잖아요."

누가 샀지?

쇼핑몰에서 할아버지와 로한은 팝콘을 샀다. 장난감 매장을 지나다가 로한은 자기 선물이 필요하다고 장난감 사고 싶은 마음을 돌려 말했다.

"로한아 팝콘이 선물이지."
"아니에요. 이건 제가 산 거예요."
"할아버지 카드로 페이했는데?"
"할아버지 카드로 페이했지만, 제가 가져왔으니 제가 산거죠."
'??????응??????'

엄마는 아빠만 좋아해

"엄마 나 걸어가기 힘들어. 발 아파."

"로한아 안돼. 아빠도 힘들어 못 업어줘. 로한이는 아기 아니지?"

"엄마는 왜 아빠만 신경써요?"

"너도 신경쓰지~"

"아냐. 엄마는 아빠만 신경 써!"

"로한아 엄마에게 '독특하다'는 의미를 설명할 수 있겠어요?"

"잠깐 기다려봐요."

"생각해보자."

"독특한 거는…. 엄마… 저 못하겠어요. 저는 똑똑하지 않은가 봐요."

'생각하는 거 자체가 똑똑한 거란다.'

보여줄게요

학교에서 분필 축제*를 하고 돌아왔다.

"아들 오늘 뭐했어? 학교에서."

"음… 밖에서 분필 놀이 했어요. 모두가 밖에서 분필로 그리고 놀았어요. 재미있는데 집에 가서 보여줄게요."

"(학교 밖에 그려놓은걸 어떻게 보여줄까?) 응 보여줘."

* 학교를 분필로 꾸미는 축제

나는 안 울어

"로한아 밤에 자다가 엄마 찾으면 안돼~"

"난 안 울어요. 그냥 엄마 엄마 했지. 엄마, 남자는 안 울어요. 남자는 울 수 없지."

"남자도 슬프면 울 수 있어."

"아냐! 남자는 안 울어."

"그럼 로한이는 왜 울어?"

"난 아직 어리니까…."

나누면 커져요

"꽃이 꿀을 만들 때 달콤하게 만드나?"

"할아버지. 그래서 꿀벌이 받아서, 사람에게 더 맛있게 만들어줘요."

"꿀은 꽃 안에 있잖아. 그런데 벌이 가져가면 훔치는거야? 상의해서 가져가는 거야?"

"그냥 가져가는 거예요."

"돈도 안 내고?"

"돈 안 내요."

"그럼 훔쳐가는 건데?"

"원래 그래요. 꿀이 다 없어지면 꽃은 더 커지죠."

환자가 뭐야?

로한이가 그린 그림을 보며 엄마가 말한다.

"로한아 이 사람은 환자야?"

"아니 아픈 사람이요."

"환자가 아픈 사람이야."

"저는 한국 사람이 아니라서 몰라요."

"너는 캐나다 살지만 한국인이기도 해."

"아~~"

레스토랑

"엄마 할머니 오시면, 할머니 요리 잘 하시니까 우리 가게 해요."

"집에서 레스토랑을 하자구?"

"네. 그러면 지나 이모가 첫번째 손님이 될 거예요. 우리는 부자가 되겠죠."

"부자 되면 뭐하고 싶은데?"

"원하는 거 다 할 수 있죠."

아픈 거 같아요

"엄마 감기 걸리고 싶어요. 학교 갈 필요가 없다는 말인데요. 저 아픈 거 같아요."

"안 아파. 멀쩡해. 학교가면 친구도 있고, 새로운 것도 배우고. 넌 맨날 집에서 심심하잖아."

"아냐! 안 심심해요. 가기 싫어~"

아빠도 영어로 말해요

아빠와 씻으면서 로한이가 영어로 말한다.

<small>영어는 보라색 표기</small>

"아빠, 아빠는 마인크래프트 모르죠?"

"응."

"저는 마인크래프트 잘해요. 아빠는 마인크래프트 하나도 몰라요?"

"몰라."

"어떻게 건물 만드는지도?"

"몰라."

"몰라도 게임모드는 할 수 있어요. 모든 걸 다

클릭할 필요도 없구요. 그냥 원하는 블럭을 가져다가 사용하면 돼요. 이제 알겠죠?"

"로한아 그런데 왜 영어로 말해?"

"아빠도 영어 배워야지!"

엄마 문 닫아주세요

"로한아 왜 문 안 닫아?"

"엄마를 위해 열어 두었어요."

"왜?"

"엄마가 문을 닫을 수 있게요."

"엄마가 모든 걸 해줄 순 없어."

"아니요. 저를 돌보는 게 엄마의 일이에요."

혼자 있기 싫어요

"엄마, 집에 혼자 있는건 어려워요."

"왜?"

"띵동 하면 누군지 모르잖아요."

"누군지 물어봐야지?"

"나쁜 사람이면? 내가 모르면?"

"엄마, 아빠 목소리 알잖아."

"엄마 아빠 목소리 흉내내면요?"

"구멍으로 가족인지 확인해야지."

"엄마 티셔츠나 사진으로 속이면요?"

"(아빠)그러면 아빠 불러."

"그런데 엄마는 로한이랑 같이 있잖아."

"(아빠) 로한이는 클 때까지 혼자 있을 일 없어. 아빠처럼 커지기 전까지."

"맞아 로한이 혼자 있어본 적 없잖아."

"응…."

"그럼 걱정하지마."

그건 몰라요

"누구랑 가장 친하니?"

"에바요."

"여자친구야? 어떻게 친해졌어?"

"에바가 절 좋아하거든요."

"하하하 그래?"

"나도 좋아해요. 그리고 어른이 되면 결혼할 거예요."

"결혼한다고? 에바에게 물어봤니?"

"아뇨. 그건 몰라요."

내일 더 사랑해

어리지 않은 사랑

아침 식사 시간이었다. 로한은 아보카도 소스를 빵에 바르다 말았다.

"할아버지, 소스 반은 할아버지 거예요."
"왜?"
"내가 다 먹으면 할아버지는 못 먹잖아요."
어린아이도 사랑만큼은 어리지 않다.

바위보다 단단해

계곡을 따라 로한과 탐험을 하는 중이었다.

"할아버지, 할아버지는 내 뒤만 따라와요. 앞서가는 건 나의 일이니까."
"할아버지는 뭘 하면 될까?"
"할아버지는 나 따라오는 게 일이에요. 앞서가는 건 위험하잖아요."
앞서가는 로한이 계곡의 바위보다 단단해 보였지만, 넘어질까 뒤에 바짝 붙었다.

할아버지도 힘들잖아요

한 시간 정도 계곡을 따라 걸었다.

"할아버지 벤치에 앉아서 좀 쉬어요."
"로한이가 힘드니?"
"아니요. 할아버지가 힘들잖아요."

로한이는 한참 전부터 힘들어했지만, 자신이 힘든 것은 밝히고 싶지 않았나보다.

나한테 기대세요

로한과 할아버지는 벤치에 앉아서 쉬었다.

"할아버지 나한테 기대세요."
"할아버지가 기대면 로한이는 힘들지 않을까?"
"괜찮아요. 할아버지가 더 힘드니까."

할아버지는 로한이의 무릎을 베고 5초정도 누워있었다.

내가 보호해 줄게요

로한의 모험심은 날이 갈수록 하늘을 찌른다. 더 어릴 때는 숲속이 무서워 발도 못 들여놓았는데, 깊은 숲까지 가자고 한다. 어떤 곳도 무서워하지 않는다.

"할아버지, 내 뒤로 와요. 내가 보호할 거예요."
"로한아 아빠랑 엄마는?"
"그럼요. 엄마랑 아빠 모두요. 그리고 할머니 할아버지도요."

야생 산딸기

밴쿠버에는 야생 산딸기가 많다. 할아버지와 로한이는 자주 산딸기를 따러간다. 하루는 산딸기를 조금밖에 따지 못했다. 로한이는 지난주 따놓은 산딸기가 기억났다.

"할아버지, 제 산딸기를 주스로 만들 거예요."
"딸기가 너무 적은데?"
"지난주에 따 놓은 거 있잖아요. 그거랑 섞어 만들면 돼요."
'큰일났다. 신선도가 떨어져서 다 버렸는데, 어쩌지?'

"하나도 안 남았던데? 누가 다 먹었나?"

"할아버지가 먹었어요?"

"아니, 안 먹었지."

"할아버지가 드셨어도 괜찮아요. 할아버지니까."

'할아버지라서 괜찮다는 말을 곱씹어 보았다.'

토끼는 왜?

로한이는 베란다의 작은 화분에 상추와 딸기를 가꾸었다. 처음에는 뒷뜰에 심었는데 야생 토끼들이 다 먹어서 옮겨 심었다.

"할아버지, 저는 어제까지 개미가 좋았는데 오늘부터는 싫어요."
"왜? 귀여운데?"
"봐봐요. 개미가 상추하고 딸기를 먹잖아요."
"딸기를 먹는게 아니라 딸기 꽃의 꿀을 먹는거 같은데?"
"그래도 싫어요."

할아버지는 왜 저를 사랑해요?

"할아버지는 왜 로한이를 사랑할까?"

"그건 모르겠어요."

"로한이가 똑똑해서? 로한이가 착해서?"

"저는 할아버지를 사랑하는 마음을 알지만 할아버지께서 생각하셔야 해요."

"너는 어떻게 아는데?"

"제 마음이니까 아는 거죠. 할아버지는 할아버지 마음이고."

할아버지 그만 보세요

할아버지는 아침식사하는 로한이의 모습이 너무 예뻐 계속 쳐다보았다.

"할아버지. 그만 쳐다보면 안될까요?"
"로한이를 보는 거는 할아버지 행복인데?"
"그럼 다 먹고 보면 되지."

제가 가장 사랑하는 사람이 누구게요

할아버지와 로한이는 공원에서 간식을 먹으며 이야기한다.

"할아버지, 제가 사랑하는 사람이 누군지 아세요?"
할아버지는 기대하며 로한이의 말을 듣는다.
"첫번째는 삼촌과 아빠."
"왜?"
"잘 놀아 주잖아요."
"그 다음은?"
"할머니."

"왜?"

"맛있는 음식을 해주시잖아요."

"그 다음은?"

"엄마."

"왜?"

"엄마는 혼내니까…."

할아버지는 거의 포기했다.

"그 다음은?"

"보아 이모."

"그 다음은?"

"지나 이모(엄마 친구다)."

"내일부터 할아버지는 로한이와 못놀겠다."

로한이는 순간 당황했다.

"진짜 사랑하는 사람은 할아버지예요."

"지금까지는 다 거짓말이야?"

"거짓말은 아니고 그냥 사랑하는 거와 진짜 사랑하는 거는 달라서요."

제가 업어 드릴게요

저녁 산책 시간에 로한이가 갑자기 할아버지를 업어준다고 했다.

"할아버지 힘드시죠? 제가 업어 드릴게요."
"힘들텐데."
"괜찮아요."
로한이는 할아버지를 업을 수 없었다.
"할아버지 제가 더 커야겠어요."
"그래 로한이 키가 할아버지 가슴까지 오면 업을 수 있을걸?"
"그때는 할아버지가 하늘나라 가요?"

"그런가? 슬프겠다. 로한이 못 봐서."

"아니요. 하늘나라 가서 날아다니시다가 로한이 보고 또 날아가고, 로한이 보고 또 날고 하면 돼요."

"아 그런 방법이 있구나."

할아버지는 슬퍼졌다.

이름

"로한이가 이름을 바꾸고 싶어한다고."

"예. 제이제이나 이런 걸 하고 싶다고 하네요."

"로한이 이름이 멋있는데?"

"로한아 지금도 이름 바꾸고 싶어? 엄마가 생각 많이 해서 지은건데?"

"아니. 지금은 로한이가 제일 좋아요. 엄마가 생각 많이 했으니까."

노래

로한이는 할아버지와 놀다가 할아버지가 피곤해 하자 소파에 누우라고 했다.

"할아버지 등이 보이게 누워봐요."

로한이가 노래를 부르기 시작한다.

🎶

"나는 할아버지가 좋아. 할아버지를 사랑해. 할아버지는 한글천재."

🎶

🎶

가장 큰 딸기

캠프를 다녀온 로한이는 심어놓은 딸기를 보자고 했다.

"할아버지 딸기 보러 가요."
"그래? 나가보자."
"가장 큰 건 아빠 거예요."
"그래. 가장 커서 아빠 주는 거야?"
"(할아버지 얼굴 슬쩍 보더니) 아니다. 이건 할아버지 거고, (두 번째로 큰 딸기 잡으며) 이게 아빠 거예요."
"아빠가 일하니까 가장 큰 거 주자."

"내가 아빠 좋아하니까 이거 줘도 돼요."

블루베리보다 할아버지

농장에서 따온 블루베리가 주방에 있었다. 할머니가 그릇에 담아오셔서 로한이는 정신없이 먹었다. 할아버지는 게임을 하며 정신없이 먹는 로한이가 귀엽다.

"할머니~ 로한이가 한 개도 안 남기고 다 먹었어요."
"할아버지? 제가 남기면 할아버지가 드시려고 했어요?"

오렌지

"할머니, 오렌지가 한 개 냉장고에 있어요. 그거 주세요."
"(할아버지)로한이는 과일 숫자도 알고 있니?"

오렌지를 다 먹은 로한이에게 할머니는 가래떡을 하나 구워주셨다.

"(할아버지) 할머니는 할아버지는 안 보이나 봐. 로한이에게만 떡을 주고."
"(할머니) 한 개밖에 없었어요."
"할머니는 나를 가장 좋아하니까 나만 보이죠."

사랑받는 걸 안다

캠핑장에서 2박 3일을 보냈다. 이튿날 로한이는 강가에서 할아버지와 모래성을 쌓으면서 놀았다.

"로한아, 우리 너무 오래 놀았다. 엄마, 아빠 다른데 갈지 모르니 캠핑장으로 가자."
"할아버지 제가 없으면 절대 안 가요."
"왜?"
"제가 제일 중요한 사람이니까요."
'그래 사랑받으며 무럭무럭 자라거라.'

나도 한국 가고 싶어요

할아버지가 한국으로 귀국하는 날 벤쿠버 공항에서 로한이가 자꾸 할아버지 허리띠에 자기 손목을 감는다.

"로한아 왜 그래?"
"할아버지 저도 한국 가고 싶어요. 할아버지가 묶어서 데려가줘."

굿나잇이지만 자기는 싫어요

"엄마, 자기 전에 3가지 문제가 있어요. 1번 내가 21시까지 안자면 어떻게 해요?"

"엄마는 화가 나겠지?"

"엄마 화내지마요."

"그럼 알겠어. 로한이 잘자구~"

"엄마 아직 두가지 문제가 있어요."

"뭔데?"

"선풍기 2시간 해두었는데 더 더우면요?"

"엄마가 다시 틀어주지?"

"아빠가 만약 오면 나 깨워서 안아주고 뽀뽀

해달라고 해주세요."

"응 굿나잇."

엄마 사랑해요

"엄마 내가 죽으면 뭐할 거예요?"

"엄마는 너무 슬프겠지."

"내 생각에 엄마 마음이 Broken(브로큰) 할 거 같아요."

"그런데 왜 궁금해?"

"어떨지 몰라서?"

"엄마가 어떨지 궁금했어?"

"응. 엄마 사랑해요."

"엄마 유령이 되면 하늘을 날잖아요. 나도 유령 되고 싶다."

"엄마는 로한이가 보고 싶으면 어떻게 하지?"

"엄마가 먼저 유령이 되세요. 나는 그 다음. 우리 유령이 되어서 다시 만나요. 유령 가족~~"

테디베어

로한이가 자다 갑자기 일어났다.

"엄마! 엄마랑 할머니가 만들어준 테디베어랑 아빠가 제 사랑이에요."
"고마워 로한아 나도 사랑해."

기억

《The Goodbye book by Todd Parr》*를 읽는다.

"엄마 The Goodbye책 사주세요."

"왜?"

"나중에 할아버지랑 아빠랑 다 죽으면 내가 기억하게요. 책이 필요해요."

* 동반자를 잃은 애완 물고기의 관점에서 작별인사란 무엇인지 어린이가 경험할 수 있도록 다룬 책이다.

얼마나요?

"엄마, 얼마나 절 사랑해요?"

"많이 사랑하지."

"백? 이백? 얼마나요?"

"숫자로 말할 수 없어."

"알겠어요."

"한 99?"

"99는 너무 작아요. 전 140만큼 사랑해요."

"140은 많은데?"

"맞아요."

"사랑해 로한아."

"엄마보다 더 많이 사랑해요."

Epilogue

 이 책은 아들 로한이와 함께한 소중한 순간들을 간직하고 싶은 마음에서 시작되었습니다. 로한이가 캐나다의 넓은 자연에서 친구들과 마음껏 뛰어다니고, 하늘 높이 소리치며 웃는 모습을 볼 때면 문득 우리의 과거가 떠오르곤 했습니다. 치열한 경쟁 속에서 살아남기 위해 달려야 했던 우리 세대와는 너무나도 다른 모습이었습니다. 그런 로한이를 보며, 우리가 누리지 못했던 삶의 여유를 선물하고 싶다는 생각이 가슴 깊이 자리 잡았습니다.

 로한이와 캠핑을 다니며 바라보았던 밤하늘의 별들, 작은 전등 하나에 의지해 화장실을 가던 길에 나눈 대화, 모닥불 옆에서 나지막이 들려주던 이야기들… 그 모든 순간이 우리 가족에게 얼마나 특별했는지 모릅니다.

 그 시간들은 단순히 한 장의 추억으로 남는 것이 아니라, 우리 삶의 본질을 다시 일깨워주는 선물이었습니다. 아이가 했던 말 한마디, 함께 나눈 웃음과 대화 하나하나가 우리 가족에게는 삶의 커다란 기쁨이자 새로운 깨달음이

되었습니다.

  부모로서 우리는 늘 아이에게 더 나은 길을 열어주고, 더 많은 것을 해주고 싶은 간절함으로 가득 차 있습니다.

  이 책은 그런 마음에서 비롯된 기록이자, 로한이를 통해 우리가 다시 배우게 된 삶의 여유와 행복의 의미를 많은 이들과 나누고자 하는 바람을 담았습니다.

  이 소중한 순간들이 여러분에게도 따뜻한 울림으로 전해지기를 바랍니다.

로한이의 엄마가

할아버지, 구름이 하트 모양이에요

초판 1쇄 발행 2024년 3월 28일
저자 이로한
엮은이 오두환, 오보람, 이웅비
펴낸이 김영근
편집 김영근 최승희 한주희
펴낸곳 마음 연결
주소 경기도 수원시 팔달구 인계로 120 스마트타워 604
이메일 nousandmind@gmail.com
출판사 등록번호 251002021000003
ISBN 979-11-93471-49-4
값 13000